Ulrike Rylance • Karolin Przybill

Pia sucht eine Freundin

Η Πία ψάχνει μια φίλη

Edition bi:libri

Pia guckt durch den Gartenzaun.
Da drüben spielt ihr Nachbar Timmy
mit seinem besten Freund.
Die Jungs bauen ein Zelt auf.
Sie hüpfen auf dem Trampolin
und spielen Ritter.
Dazu kämpfen sie
mit langen Stöcken.

Η Πία κοιτάζει από το φράχτη του κήπου.
Εκεί απέναντι παίζει
το γειτονόπουλό της ο Τίμος
με τον καλύτερό του φίλο.
Τα αγόρια στήνουν μια σκηνή.
Χοροπηδάνε πάνω στο τραμπολίνο
και παριστάνουν τους ιππότες,
πολεμώντας με μακριά ξύλα.

„Gewonnen!", ruft Timmy.
Pia seufzt.
Alleine spielen ist so langweilig.
Sie hätte auch gern eine Freundin.
Sie würde auch gern
auf einem Trampolin hopsen.
Zur Not würde sie auch
mit langen Stöcken kämpfen!

«Κέρδισα», φωνάζει ο Τίμος.
Η Πία αναστενάζει.
Είναι τόσο βαρετό να παίζεις μόνος σου.
Κι εκείνη θα ήθελε να έχει μία φίλη.
Κι εκείνη θα ήθελε να πηδούσε
σ' ένα τραμπολίνο.
Στην ανάγκη θα πολεμούσε
κι εκείνη με μακριά ξύλα!

„Such dir doch eine nette Freundin
aus deiner Klasse",
sagt Papa beim Abendessen zu Pia.
„Genau. Frag einfach ein Mädchen,
ob sie mit dir spielen will",
fügt Mama hinzu.
„Was denn?",
fragt Pia unglücklich.
„Und woher weiß ich,
ob sie auch eine richtige Freundin ist?"

«Βρες κανένα καλό κορίτσι στην τάξη σου
να γίνετε φίλες»,
λέει ο μπαμπάς στην Πία
την ώρα που έτρωγαν βραδινό.
«Ακριβώς. Ρώτησε κανένα κοριτσάκι,
αν θέλει να παίξει μαζί σου»,
συμπληρώνει η μαμά.
«Μα τι να παίξουμε;»
ρωτάει η Πία δυστυχισμένα.
«Και πώς θα ξέρω
ότι θα είναι μία πραγματική φίλη;»

„Ihr könntet am Computer
Monster jagen",
schlägt Julius vor.
Julius ist Pias großer Bruder.
„Oder Weitspucken machen.
Oder Schwertkampf!"
Er fuchtelt wild mit seiner Gabel
und stößt dabei die Limonade um.

«Θα μπορούσατε να κυνηγήσετε
τέρατα στον υπολογιστή»,
προτείνει ο Ιούλιος.
Ο Ιούλιος είναι ο μεγάλος αδερφός της Πίας.
«Ή να διαγωνιστείτε για το ποια
θα φτύσει πιο μακριά.
Ή να ξιφομαχήσετε!»
Και παριστάνοντας με το πιρούνι
του τον ξιφομάχο ρίχνει τη λεμονάδα.

„Dir fällt schon was ein",
sagt Mama schnell
und fängt die Limonade
in letzter Sekunde auf.
„Und ob es eine richtige Freundin ist,
das merkst du von selbst."
Und tatsächlich –
in diesem Moment
hat Pia eine tolle Idee,
was sie spielen könnten!

«Κάτι θα σκεφτείς»,
σπεύδει να πει μαμά,
και πιάνει την τελευταία στιγμή τη λεμονάδα.
«Και αν είναι πραγματική φίλη,
αυτό θα το καταλάβεις από μόνη σου».
Και πράγματι,
εκείνη τη στιγμή
ήρθε της Πίας μία καταπληκτική ιδέα,
για το τι θα μπορούσαν να παίξουν!

Deshalb geht sie gleich am nächsten Tag
in der großen Pause zu Rosi aus ihrer Klasse.
Die steht auch alleine auf dem Schulhof.
„Hast du Lust mit mir zu spielen?", fragt Pia.
„Wir könnten ..."
„Nur, wenn ich die Bestimmerin sein darf",
unterbricht Rosi sie.
„Und ich will die Prinzessin sein.
Du bist die Dienerin.
Du musst mir einen Blumenstrauß pflücken."

Έτσι, αμέσως την επόμενη μέρα, πηγαίνει
κατά την διάρκεια του μεγάλου διαλείμματος
στη Ροζαλία, τη συμμαθήτριά της, που κι εκείνη
στέκεται μόνη της στο προαύλιο.
«Θέλεις να παίξουμε;» ρωτάει η Πία.
«Θα μπορούσαμε...»
«Μόνο αν είμαι εγώ η αρχηγός»,
τη διακόπτει η Ροζαλία.
«Κι εγώ θέλω να είμαι η πριγκίπισσα.
Εσύ θα είσαι η υπηρέτρια.
Πρέπει να μου μαζέψεις ένα μπουκέτο λουλούδια».

Pia pflückt lustlos ein paar grüne Blätter.
Sie pieken ein bisschen. Aber nicht sehr,
und sie drückt sie Rosi in die Hand.
„Aua!", ruft Rosi und fängt an zu heulen.
„Die tun weh, du bist gemein!
Das sag ich Frau Waldmann!
Du darfst nicht mehr Dienerin sein!"
„Will ich auch gar nicht",
sagt Pia und geht weg.
„Komm zurück!"
Rosi stampft mit dem Fuß auf.
„Ich bin die Bestimmerin!
Du kannst nicht einfach gehen!"

Η Πία, άκεφα, μαζεύει μερικά πράσινα φύλλα.
Τσιμπάνε λίγο. Όχι όμως πολύ,
και της τα δίνει στο χέρι.
«Άουτς!» φωνάζει η Ροζαλία
και βάζει τα κλάματα.
«Πονάνε, είσαι κακιά!
Θα το πω στην κυρία Βάλντμαν!
Και δεν θα 'σαι πια υπηρέτρια!»
«Έτσι κι αλλιώς δεν θέλω να 'μαι»,
λέει η Πία και φεύγει.
«Γύρνα πίσω!»
Η Ροζαλία χτυπάει
με δύναμη το πόδι της κάτω.
«Εγώ είμαι η αρχηγός!
Δεν μπορείς να φεύγεις έτσι!»

Aber Pia geht lieber zu den Jungs.
Die wollen bestimmt nicht Prinzessin sein.
„Habt ihr Lust, mit mir zu spielen?", fragt Pia.
„Wir könnten ..."
„Du musst erst die Mutprobe bestehen",
unterbricht Jonas sie.
„Sonst darfst du nicht mitmachen.
Du musst auf den Baum hier klettern
und von dort oben runterspringen."
Pia guckt erschrocken nach oben.
Der Baum ist so hoch!
Was für eine blöde Mutprobe.

Η Πία όμως προτιμάει να πάει στα αγόρια. Αυτά σίγουρα δεν θα θέλουν να είναι πριγκίπισσες.
«Θέλετε να παίξουμε;» ρωτάει η Πία.
«Θα μπορούσαμε...»
«Πρέπει πρώτα να περάσεις μια δοκιμασία», τη διακόπτει ο Ίωνας.
«Αλλιώς δεν μπορείς να παίξεις μαζί μας. Πρέπει να σκαρφαλώσεις σ' αυτό εδώ το δέντρο και από εκεί να πηδήξεις κάτω».
Η Πία κοιτάζει τρομαγμένη ψηλά.
Το δέντρο είναι τόσο ψηλό!
Μα τι χαζή δοκιμασία!

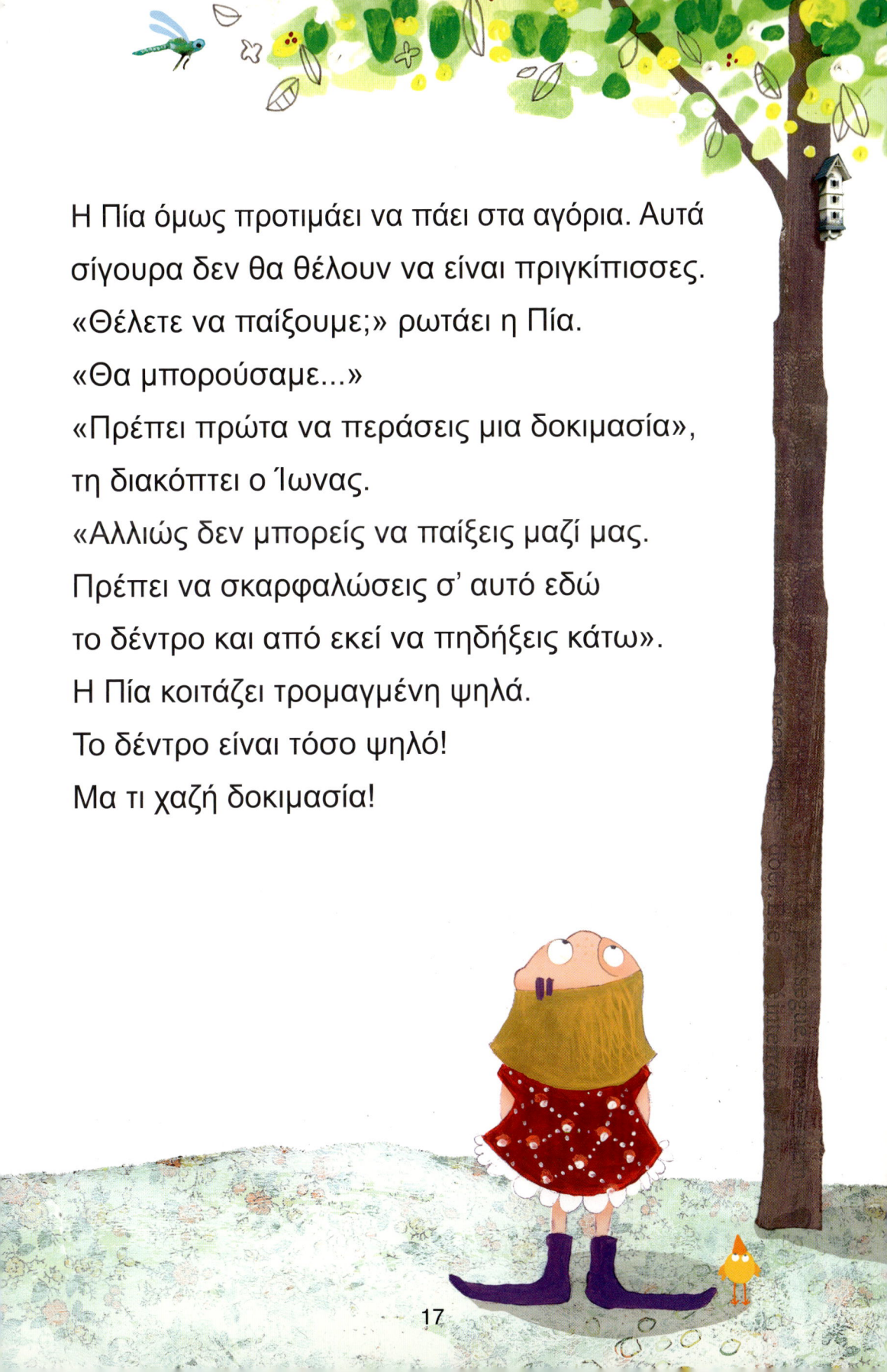

„Nein danke", sagt sie
und geht weg.
„Du kannst auch
einen Regenwurm schlucken,
das zählt auch",
ruft Jonas ihr hinterher.
Aber Pia hat keine Lust.
Weder auf Regenwürmer,
noch auf hohe Bäume.

«Όχι ευχαριστώ»,
λέει και φεύγει.
«Θα μπορούσες να καταπιείς
κι ένα σκουλήκι,
κι αυτό μετράει»,
φωνάζει ξοπίσω της ο Ίωνας.
Η Πία όμως δεν έχει καμιά όρεξη.
Ούτε για σκουλήκια,
ούτε για ψηλά δέντρα.

Da geht sie lieber
zu den Zwillingen Anni und Bella.
Die winken ihr schon von weitem zu.
„Habt ihr Lust, mit mir zu spielen?", fragt Pia.
„Wir könnten ..."

Προτιμάει να πάει στις δίδυμες,
την Άννυ και την Βούλα.
Ήδη της κάνουν νόημα από μακριά.
«Θέλετε να παίξουμε;» ρωτάει η Πία.
«Θα μπορούσαμε...»

„Prima, dass du kommst",
unterbricht Bella sie.
„Wir spielen gerade Familie.
Und wir brauchen einen Vater.
Du kannst den Vater spielen,
Anni ist das Kind, und ich bin die Mutter."

«Τέλεια που ήρθες», τη διακόπτει η Βούλα.
«Παίζουμε οικογένεια και χρειαζόμαστε
έναν πατέρα. Μπορείς να παίξεις τον πατέρα.
Η Άννυ είναι το παιδί, κι εγώ είμαι η μαμά».

„Was muss ich da machen?",
fragt Pia vorsichtig.
Bella verdreht die Augen.
„Du gehst zur Arbeit.
Da – hinter den Busch.
Und abends kommst du wieder."
Pia stellt sich
hinter den Busch.
Aber das ist total langweilig.
Nichts passiert.
Anni und Bella
gucken nicht mal zu ihr hin!
Vielleicht sollte sie
lieber zu den Kindern
auf dem Sportplatz gehen?

«Κι εγώ τι πρέπει να κάνω;»
ρωτάει διστακτικά η Πία.
Τα μάτια της Βούλας έλαμψαν.
«Εσύ θα πας στη δουλειά.
Εκεί, πίσω από το θάμνο.
Και το βράδυ θα ξανάρθεις».
Η Πία πηγαίνει πίσω από το θάμνο.
Αλλά είναι πολύ βαρετά.
Τίποτα δεν συμβαίνει.
Η Άννυ και η Βούλα ούτε καν κοιτάζουν προς
το μέρος της! Μήπως θα ήταν προτιμότερο
να πάει στα παιδιά που παίζουν στο γήπεδο;

„Habt ihr Lust, mit mir zu spielen?", fragt Pia,
als sie näherkommt.
„Wir könnten ..."
„Gut, wir brauchen noch jemanden",
unterbricht ein Mädchen sie.
„Dann machen wir das andere Team platt.
Wir spielen Viererball.
Du weißt doch, wie das geht?"
„Ich ...", stottert Pia. Aber da kommt der Ball
schon angeflogen und knallt ihr an den Kopf.

«Θέλετε να παίξουμε;» ρωτάει η Πία,
καθώς τους πλησιάζει. «Θα μπορούσαμε...»
«Ωραία, χρειαζόμαστε κάποιον ακόμα»,
τη διακόπτει ένα κορίτσι.
«Έτσι θα τη διαλύσουμε την άλλη ομάδα.
Παίζουμε μήλα.
Ξέρεις πώς παίζεται, έτσι δεν είναι;»
«Εγώ...» κομπιάζει η Πία.
Κι εκείνη τη στιγμή έρχεται η μπάλα
κατά πάνω της και τη χτυπάει στο κεφάλι.

„Du musst ihn doch fangen",
schreit das Mädchen.
„Und dann zu mir werfen!"
„Was?", fragt Pia verwirrt.
Sie hat keine Ahnung,
wie das Spiel geht.

«Μα πρέπει να την πιάσεις»,
φωνάζει το κορίτσι.
«Και μετά να την πετάξεις σε μένα».
«Τι;» ρωτάει η Πία μπερδεμένη.
Δεν έχει την παραμικρή ιδέα
πώς παίζεται το παιχνίδι.

„Aufpassen!", ruft jemand.
Ein Junge reißt ihr
den Ball aus der Hand.
Die anderen Kinder
rennen ihm hinterher.
Keiner dreht sich nach Pia um.

«Προσοχή!» φωνάζει κάποιος.
Ένα αγόρι της αρπάζει
την μπάλα από το χέρι.
Τα άλλα παιδιά
τρέχουν πίσω του.
Κανένας δεν γυρίζει προς την Πία.

Pia seufzt.
Die Pause ist bald um,
und sie hat immer noch
keine Freundin gefunden.
Traurig setzt sie sich
auf die Treppe.

Η Πία αναστενάζει.
Το διάλειμμα τελειώνει όπου να 'ναι
και δεν βρήκε ακόμη καμιά φίλη.
Κάθεται στενοχωρημένη
στα σκαλιά.

„Willst du mit mir spielen?",
fragt da plötzlich jemand.
Pia sieht hoch.
Da steht ein Mädchen
mit Pferdeschwanz und Sommersprossen.
Pia hat sie noch nie vorher gesehen.

«Θέλεις να παίξουμε;»
τη ρωτάει ξαφνικά κάποιος.
Η Πία σηκώνει το κεφάλι της.
Εκεί στέκεται ένα κορίτσι
με αλογοουρά και φακίδες.
Η Πία δεν την έχει ξαναδεί.

„Ich bin neu hier", sagt das Mädchen.

„Ich heiße Nele."

„Und ich Pia", antwortet Pia.

„Muss ich Blumen für dich pflücken?"

Nele schüttelt den Kopf.

„Oder Würmer schlucken

oder zur Arbeit hinter den Busch gehen?"

Nele kichert. „Natürlich nicht."

„Oder Viererball spielen?"

„Kenne ich nicht. Was möchtest *du* denn spielen?",

fragt Nele zurück.

«Είμαι καινούργια εδώ πέρα», λέει το κορίτσι.

«Με λένε Νέλλη».

«Κι εμένα Πία», απαντάει η Πία.

«Πρέπει να σου μαζέψω λουλούδια;»

Η Νέλλη κουνάει αρνητικά το κεφάλι της.

«Να καταπιώ σκουλήκια ή να πάω για

δουλειά πίσω από το θάμνο;»

Η Νέλλη χαχανίζει. «Φυσικά κι όχι».

«Ή να παίξω μήλα;»

«Δεν το ξέρω αυτό το παιχνίδι. *Εσύ* τι θέλεις

να παίξουμε;» ρωτάει η Νέλλη.

„Wir könnten ..." Pia beugt sich vor
und flüstert Nele etwas ins Ohr.
„Oh ja, das klingt toll", sagt Nele.
Doch dann klingelt es leider.
Die Pause ist vorbei.
Aber das macht nichts,
denn Nele fragt: „Morgen dann?"
„Ja", freut sich Pia.
„Und übermorgen spielen wir dann,
was *du* willst."

«Θα μπορούσαμε...» Η Πία σκύβει μπροστά
και ψιθυρίζει κάτι στο αυτί της Νέλλης.
«Ω, ναι, ακούγεται τέλειο», λέει η Νέλλη.
Δυστυχώς όμως, εκείνη τη στιγμή, χτυπάει
το κουδούνι. Το διάλειμμα τελείωσε.
Άλλα δεν πειράζει, διότι η Νέλλη τη ρωτάει:
«Τότε αύριο;»
«Ναι», λέει χαρούμενη η Πία.
«Και μεθαύριο θα παίξουμε τότε
ό, τι θέλεις *εσύ*».

Plötzlich ist Pia sich ganz sicher:
Sie hat eine richtige Freundin gefunden!

Ξαφνικά η Πία είναι απολύτως σίγουρη:
Βρήκε μια πραγματική φίλη!

Leserätsel

Hast du die Geschichte genau gelesen? Dann kannst du sicher die folgenden Fragen beantworten. Setze den Buchstaben vor der richtigen Antwort in die unten stehenden Kästchen ein und du bekommst ein Lösungswort. Ein Tipp: es hat etwas mit dieser Geschichte zu tun!

Fragen zur Geschichte:

1. Was machen Timmy und sein Freund im Garten?

    F: spielen
    D: Hausaufgaben
    P: Gartenarbeit

2. Was will Pia?

    E: einen Hund
    R: eine richtige Freundin
    A: eine Limonade

3. Was will Rosi von Pia bekommen?

    B: grüne Blätter
    E: einen Blumenstrauß
    K: ein Trampolin

4. Was für eine Mutprobe soll Pia bei den Jungs machen?

    E: eine Ameise essen
    N: mit einem Stock kämpfen
    U: von einem hohen Ast springen

Lösungswort: FREUNDIN

5. **Warum mag Pia nicht länger den Vater spielen?**

   N: es ist langweilig
   T: es ist anstrengend
   M: der Busch piekt

6. **Was spielen die Kinder am Sportplatz?**

   G: Fußball
   P: Tennis
   D: Viererball

7. **Warum sieht Pia Nele heute zum ersten Mal?**

   I: Nele ist neu
   R: Nele versteckt sich immer
   H: Pia hat sie nie bemerkt

8. **Was werden Pia und Nele morgen spielen?**

   K: Viererball
   V: Prinzessin und Diener
   N: das wissen wir nicht

Lösungswort:

1	2	3	4	5	6	7	8

Κουίζ

Διάβασες προσεκτικά την ιστορία; Τότε σίγουρα μπορείς να απαντήσεις στις ακόλουθες ερωτήσεις. Γράψε το γράμμα που αντιστοιχεί στη σωστή απάντηση στο παρακάτω πλαίσιο και θα βρεις τη λύση.

Ερωτήσεις πάνω στην ιστορία:

1. Τι κάνουν ο Τίμος και ο φίλος του στον κήπο;
   - **Φ:** παίζουν
   - **Γ:** τα μαθήματά τους
   - **Τ:** κηπουρική

2. Τι θέλει η Πία;
   - **Ζ:** ένα σκύλο
   - **Ι:** μία πραγματική φίλη
   - **Π:** μία λεμονάδα

3. Τι θέλει η Ροζαλία από την Πία;
   - **Κ:** πράσινα φύλλα
   - **Λ:** ένα μπουκέτο λουλούδια
   - **Ο:** ένα τραμπολίνο

4. Τι δοκιμασία πρέπει να κάνει η Πία για τα αγόρια;
   - **Λ:** να φάει ένα μυρμήγκι
   - **Ν:** να πολεμήσει μ' ένα ξύλο
   - **Ε:** να πηδήξει από ένα ψηλό κλαδί

Λύση: ΦΙΛΕΝΑΔΑ